Poetry a Learning Tool

Poesia un Intrumento de Aprendizaje

Poems in English and Spanish for the Bilingual

Avelino Juarez

1663 LIBERTY DRIVE, SUITE 200
BLOOMINGTON, INDIANA 47403
(800) 839-8640
WWW.AUTHORHOUSE.COM

© 2005 Avelino Juarez. All Rights Reserved.

No part of this book may be reproduced, stored in a retrieval system, or transmitted by any means without the written permission of the author.

First published by AuthorHouse 09/23/05

ISBN: 1-4208-8927-3 (e)
ISBN: 1-4208-7525-6 (sc)

Library of Congress Control Number: 2005907522

Printed in the United States of America
Bloomington, Indiana

This book is printed on acid-free paper.

Poems By Avelino Juarez

Owner of Memories	6
Affirmative Action for the Rich	8
Affluent Society	12
Fair Means, Unfair Intentions	16
Equal For Whom	20
Perceptions Of Judgment	22
Insurers vs. Clients	26
Value of Words and Paper	30
The SS Crisis	34
Wife A Great Deal	38
Just A Woman	40
One That Caught My Eye	42
DLC Discouraging AJ	44
Three Energies	46
TV The Family Divider	48
School vs. No School	52
English I Hate	56
learning	60
Whole Person	62
History Through Natives Eye's	64
Natives Shattered Souls	68
Illegals Beast of burden	72

Poemas por Avelino Juarez

Dueño de Recuerdos	7
Accion Afirmativa para Ricos	9
Sociedad De Prosperidad	13
Medio Imparcialidad, Injusto Intenciones	17
Igual Para Quien	21
Percepciones De Juicio	23
Aseguradoras VS. Clientes	27
Valor de palabra y papel	31
SS Crisis	35
Esposa Un Gran trato	39
Solo Una Mujer	41
La Que Capturo Mi Ojo	43
DLC Desanimondo AJ	45
Tres Energias	47
Television Divisora De Familia	49
Escuela o no Escuela	53
Ingles que Odio	57
Aprendir	61
Persona completa	63
Historia Por Ojos Nativos	65
Nativos Almas Destruidas	69
Ilegales Bestia Animale De Carga	73

Making Criminals	76
No fame	78
Mother Earth Crying	80
Who Knows What	84
Being	86
Believing	90
The unknown	94
Pandora's Box	98
Mistakes	102
War vs. Peace	106
War a Game	108
Leaderless leaders	110
Losing a Friend For What	114
A Solders Pain	116

Haciendo Criminales	77
Sin Fama	79
Madre Tierra Esta llorando	81
Quien Sabe Que	85
Existencia	87
Creer	91
Lo Desconocido	95
Caja De Pandora	99
Errores	103
Guerra VS Paz	107
Guerra Un Juego	109
Lideres sin Liderazgo	111
Perder un Amigo, Porque?	115
Dolor Del Soldado	117

Owner of Memories

One thing about memories

No matter who's they are

They are important to the memory holder

And are the world to the holder for tomorrow.

For I have not worn your shoes to join you

In your memory and make a judgment

Of your memories

The joke would be on me.

Author's Comments:
"We share our thoughts with others to advance each other"

Dueño de Recuerdos

Una cosa sobre los recuerdos

No importa de quien sean

Son importantes para el que los guarda

son el mundo para el posedor del mañana.

No he estado en tus zapatos para acompañarte

En tu recuerdos y juzger tus memorias

La broma seria en mi.

Comentario del autor:
"Compartimos nuestros recuerdos para avanzar"

AFFIRMATIVE ACTION FOR THE RICH

To: The Uninformed

Morality a good investment
In public services
Or the one to start with, for
Expanding personal liberties
Ability to drink clean water and
Breath clean air anywhere
Our liberties expand

Production alone, can't
Cure all social ills, as
Societies of the rich believe

Argument to under invest in
Needed services, and only support
Production as the cure all, the
Want for a smaller government
Implies, "affirmative action for the rich"

Accion Afirmativa para Ricos

Para: Los desinformados

La moral dad es una buena inversion
En servicio publico.
O con la cual empezar,
A expandir las libertades personales
La capacidad tomar agua limpia,
De respirar el aire limpio en cualquier parte
Nuestras libertades se expanden.

La produccion no puede
Por si misma
Curar todos los males sociales
Como las sociedades de ricos creen.

Argumentar para invertir menos
En los servicios necesarios
Y apoyar la production como cura a todo mal,
Querer un gobierno reducido, implica
"Accion afirmativa para los ricos"

Producing company's supply them money
To run for office as the cycle goes.

Pay security companies to feel safe
From their fears and feel better at
War then at peace

They want everyone to be like them
Nice in public but with out
A home, education, and money, so they
Can pay cheap labor,
Put laborers hopes out of reach.

Laborers freedom to work
Themselves to bad health and
Or to death

Author's Comments:

"Are we blind to what is happening or just want to believe what our leaders say, just go along. no questions ask, hope it will turn out ok!!"

La production de las companies
Apoyando con dinero para poder ganar
Un puesto de oficina continua y con
Ella el mismo ciclo
Pagar a las compañias de seguridad,
Para que se sentan seguros de su miedo
Para que se sientan mejor en guerra que en paz.

Quieren que todos sean como ellos
Agradables el publico pero
Sin hogar, education, ni dinero

Para ellos poder pagar barata la mano de obra,
Ponen las esperanza de los trabajadores
Inalcanzables.

La libertad de los trabajadores para
Trabajar hasta el enfermar o morir.

Affluent Society

For: Poor and middle class

What is the goal, to control all the gold?
Goal what is the motive, who wins and who losses?

Destiny is that the goal or the excuse
To feed affluent society egos

Goals are given a rosy outlook
Saying things in a favorable flavored look
Destiny, no matter what or who it destroys

Poor want to get rich to alleviate hunger, not really knowing
Its power they need to carve out their needs
Rich want more money to stay in power
It's the poor house they don't want see.

Others country's divided, from outside
Outsiders starving to divide that country for
Themselves, to gain control of resources
Forget freedom, the word is use as a weapon to
Divide the mindset, a perception of peace for
Affluent society to get its tentacles inside
Those divided country's

Sociedad De Prosperidad

Cual es el objetivo de controlar todo el oro?
Cuales es el motivo la meyta? Quien gana y quien pierde.

El destino es el meta o excusa
Para alimentar el ego de la

Sociedad De Prosperidad las metas dan bonitos colores,
Dicen las cosas favorablemente no importa a quien o que destruyan.

Los pobres se quieren enriquecer para aliviar el hambre.
Sin saber realmente de el poder
Que necesitan para satisfacer sus necesidades
Los ricos quieren mas dinero para mantene el poder.
Es por esto que ellos quieren hacerce
Ciegos a las cosas de los pobres,

Paises divididos por fuerzas externas
Extranjeros muriendo de hambre,
Para dividirlos a ellos mismos,
Y ganar el control de los recursos.
Olvidate de libertad,
Palabra usada de arma para dividir las formas
de pensar, una percepcion de paz.
La alta Sociedad mete sus tentacles
Dentro de los ya dividiendo paises

Domino effect, oh yes! People want change to power
When they do not have it.
Rebuilding for those inside of their system to take control
We know more than we think, just don't know the real motive yet!

Ideas as tools, that one day the world will be at peace
Want the masses, our masses at peace here in our country
To have good pickings of our best fighting youth
For affluent society's greed

The poor and middle classes fighting and dying paying the price
While, affluent society basking in glory and reaping rewards
Oh what a peace...of...of...of...what?

What do we the poor and middle classes have?
The scarred hearts of war that will never heal, no!
Oh! Yes, and we have the medals too.

Efecto de domino, oh si! la gente
Quiere un cambio del poder cuando ellos no lo tienen,
Reconstruir para aquellos del interior
De su sistema para tomar control

Sabemos mas que pensamos,
pero no sabemos el motivo real.
Con las de ideales por herramientas,
El mundo estara en paz al iqual que toda
La gente, Nuestras gente estara en paz
Aqui en nuestro pais.

Escojer a los mejores hombres jovenes para combatir,
Por avaricia de la sociedad prospera,
A clase Baja y media son las que luchan,
muriendo y pagan el precio, mientras que la Sociedad
Prospera disfruta la gloria y las recompensas.
Oh que paz…de…de que?

Que tenemos los pobres y medias clases?
El corazon cicatrizado por una Guerra,
Que nunca sanara, no!
Ah, si, Tambien tenemos las medallas.

Fair Means, Unfair Intentions

To: The times were are in

Unknown motivations
Scare tactics the tool
Truth unknown all confused

Wrong interactions economic
Uplift, will make a great fall
They lined their pockets don't matter to them

Elevating one religion to privilege statues wont help
You're not in the privileged society
Freedom denied, denigrated conflicted society will be

Divided religions, unrest
For the country will see

We think our selves better than animals,
Animals live in peace, kill only
When hungry or in self defense
Human kill cause we can

Medio Imparcialidad, Injusto Intenciones

Motivos desconocidos
Una herramienta tacticas para de susto
Verdad desconocida todo confundedos

Malas Interaccion economicas la subida,
Hara una gran caida
No les importa a ellos sus bolsillos alinean

Elevar una religion a un esbelto
Privileglado no ayuda
No estas en una sociedad privilegiada la libertad se te niega,
Sociedad Denigrada conflictiva sera

Religiones divididas inquietudes
En el pais para ver

Creemos que samo mejores que animales,
Animales viven en paz,
Solo matan por hambre O defensa
Humanos matan solo porque pueden hacerlo

Were highly deceived, it will weaken
The country, must speak out before it's to late

Truth must come out, motivations
Be known, cost will be costly if we
Go by leaders desires along

Half truth or half lies either way
Country could fall without shots
Fired from outside of country at all

Victims neglected and or forgotten
When remembered, are used as pawns
A game peace for political importance

When it should be the importance of
Victims of all crimes.

Somos muy engañados esto debilita al pais
Debemos hablar Antes de que sea muy tarde

Verdad debe salir ser concida,
Motivaciones debe conocerse
El costo sera muy costoso si solo seguimos
Los deseos de los lideres

Verdad a medias o mentira medias
De cualquier manera el pais podria caer
Sin disparo exterior

Victimas discriminadas y o olvidados
Cuando las recuerdan las usan como un juego
Para darse importance politica

La importance de todos
Los crimenes son las victimas

EQUAL FOR WHOM

Bush says rich pay 80% of tax, only one side of a story.

Fair By percentage %
(20%) of $20.00=$4.00
(20%) of $5.00=$1.00
Is it fair, which does one, ask?

The one with $5.00 or $20.00.

Hard times and war what is equal
Equal not accounted for the poor
No voice indecisions, who
Bare the heavy load of health
Pain, and disrespect

Rich send their sons to college
While sons of the poor go to war
Equal is ignored where is equal ?

By a set standard
All pay $5.00
$5.00 pays 100%
$20.00 pays 25%
This fair, who do you ask?

Holder of power
That is who equal is for!

Two persons
One $20.00, one $5.00
How could equal tax be paid?

How much is the sacrifices
of the poor worth ?

Igual Para Quien

Bush dicie que los ricos pagan 80% de impuestos, es solo un lado de historia.

Porcentaje Justo %
(20%) de $20.00=$4.00
(20%) de $5.00=$1.00
es esto justo,a quien le preguntar?
El de $5.00 o $20.00

Tiempos dificiles y guerra que es igual
La igual no cuenta a los pobres
Decisiones hechas sin voz del pobre,
Quien lleva la carga pesada de la salud,
Dolor y falta de respeto

Ricos mandan hijos a la Universidad
Mientra los hijos de los pobres van a la Guerra
La igual es ignorad
Donde esta la igualdad?

Un estandar esteablecido
Todos pagan $5.00
El de $5.00 paga 100%
El de $20.00 paga 25%
Es esto justo,?
A quien le preguntas?
Igual es para el que tiene el poder

Dos personas
Uno $20.00, uno $5.00
Como puede ser pagado igual el impuesto?

Cuanto vale los
sacrificios del pobre?

Perceptions Of Judgment

Country of laws ways to live
Traditions not, of unjustifiable fears
Unbalanced perceptions

(Perceived punishment deserve)
Poor allegedly does wrong
Fearing statement is.
Lets punish them good, so the
world knows it is wrong.

(Perceived punishment not deserved)
Rich or well known allegedly does wrong
Justifiable statement is.
Can't change what is done put it
Behind, lets move on.

Unwilling to admit,
Laws unjustly applied
Split the country will be

Percepciones De Juicio

Pais de leyes,
Mejor camino para vivir, Tradiciones no,
Temores injustificados percepciones sin balance.

(Percibido como castigo merecido)
Pobre alegacien que hace mal
Castiguerroios como semerecen
Para que el mundo sepa que esta mal.

(Percibido como castigo no merecido)
Rico o bien conocido alegata hace mal.
Es declaracion justificable e.
No se puede cambiar lo que esta hecho,
Vamos a dejarlo atras, vamos adelante.

Sin voluntad para admitirlo
Leyes injustamente aplicadas
Dividiran.

Split it is
Right, wrong, good, bad,
Rich, poor, religions in government
Or not, young, old, war or
No war on & on…

Will survive need less to be split on
More to unite all need some compromise

Equal perception of judgment, starts with
Oneself, not one else

Letting egos go
Good perceptions will
Fill the hollows.

Dividido esta
Correcto,incorrect, bueno, malo, rico, pobre,
Religiones en el gobierno o no,
Joven, Viejo,Guerra,no GuerraY sigue izi listo.
Sobreviviremos si la, ecocide de ester separados fueramenos
Mas unidos
Todos necesitan comprometerse.

La misma percepcion en juicios,
Empieza con uno mismo no otros.

Si dejamos ir los egos
Las buenas percepciones aenaran el hueco.

Insurers vs. Clients

To: Fair play

Unequal price tag, insurers
Punish all clients as groups
Ignore fair mathematics for all

If laws were like that
Put all behind bars for one
Wrongdoing all in the group goes to jail no
Matter who doctors, teachers, lawyers and fast food workers to
One of their group members wrongdoing all pay the toll

Yes, it cost money when suited
For lack of care or quality of service or both,
Encourages what is right cost past on too the customers to

Punish only wrong doer and
Reward those with good records
Its in the mathematics affecting
Positive balance in populations needs
Not rewarding insurer greed

Aseguradoras vs. Clientes

Precios inequitativos, aseguradores
castiga a todos los clientes como grupo,
Ignorando las matematicas que son imparciales.

Si las leyes fueran asi
Pondrian en la carcel por un delito
A todos en el grupo irian a la carcel,
Ao importa si son doctores, profesores,
Abogados y trabajadores de restaurantes
de comidas rapidas
El delito de uno lo pagan todos los del grupo.

Si cuesta dinero ser demandado por prestar
Servicio sin cuidado o vender un producto defectuoso
El costo se pasa tambien al cliente

Castiga al que cometio la falta
Recompensar a los que tienen buen record
Estan en llas matematicas que afectan el balance positivo
De las necesidades de los clientes,
No para satisfacer la avaricia de los Aseguradores.

Wrong weather incidental or intentional
All in category don't merit punishment

Same group or same kind predigest as is
Society blindingly accepting insurers view
They say they have to make a living,
Do customers don't?
Professional and working class servitude
Form of insurance we have

Insurer making inequality price call
Uncouth terms of payments seems to
Prevails over what is right

Contradicts country's credo
Insurance convicted only one or two members pay,
Something wrong with this picture unfair assessments I say
What is true loss? What is true gain?

Author's Comments

"Insurance says how much money they lose, never how much they have made

Daño sea accidental o incidental
No todos merecen castigo en esa categoria.

El mismo grupo o misma clase
Que la sociedad acepta ciegamente
El punto de vista de los aseguradores
Ellos dicen que tambien tienen que vivir
Lo clientes no?
Profesional y trabajadora servidumbre
Las formas de seguros tenemos.

aseguradores usando diferentes precios
O tarifas y extraños terminos de pago.
Y prevalence sobre lo que es correcto

Contradice el credo del Pais.
Aseguradores convictos,
solo uno o dos miembros pagan algo esta mal con este dibujo,
Valoracion injusta Yo digo,
Quienes son verdadero perdedores?
Quien son los ganadores?

Comento Autor:

Aseguradores dicen estan perdiendo, no cuanto ganando

Value of Words and Paper

To: Honesty

In the past words had importance
Contract arrangements were made with words

With a hand shake, unwritten contract
People's words were a commitment fulfilled
That put value on words
Words many relied on

Men honesty decided his loyalty in society
No document is worth that today
Now words have less merit

Contracts are written so confusing and deceiving
Value of paper takes numerous shapes and meanings
Help is needed for good understanding of meaning

So mystifying figuring it out, it's a business in of itself
Values of paper requires third party to legitimize

Valor de palabra y papel

En el pasado las palabras tenian importancia.
Los contratos eran hechos solamente con palabras

Con un apreton de manos,sin contratos escritos
La palabra de las personas eran un compromiso cumplido.
Esto ponia valor a las palabra.
Las palabras tanian valor.

La honestidad.de los hombres decidian su lealtad
En la sociedad
Hoy, ningun documento tiene ese valor.
Ahora la palabra teine manos valor.

Contratos por escrito son tan confusos y engañosos que el
Valor del papel toma muchas formas y significados
Se necesita ayuda para entender su contenido.

Es un misterio trator de entender los
Esto es un negocio aparte
Para tener valor el papel necesita alguien que lo legalice

Trusting a persons word and/or legal contracts
Is a frightening deal help is needed?

Few transactions are done on words alone
Only among well known that value each others words

We are better off because of inventions not
Because of the paper transactions most don't understand

We abuse the value of words
Leave them little or no value at all
Mistrust dictates the day

Author's Comments

"We abuse the value of words, verbal or on paper, makes it hard to trust anyone"

Confiar en la palabra de personas o en los contratos legales
Es un trato que asusta, se necesita ayuda?

Pocas transacciones se hacen sobre la palabra solamente.
Solo entre personas que valora palabra de otra parte

Estamos mejor por los inventos, no
Por las transacciones en papel
Que la mayoria no entendemos.

Nosotros abusamos del valor de la palabra
Le damos muy poco o nada de valor
Desconfianza es lo actual.

The SS Crisis

Sacrifices are many
Now forgotten there worth?

Creation of a great generation
Unselfish, gave their all
Their best to better their lives
Many to come, no thought of value
Their works worth

Today's generations do little or nothing,
Is rewarded more then their worth, now want to put
Social security's net, next to
The ground, so it won't rebound

Does it need fixing OK?
A give away or safety net of what has been earned?

SS Crisis

Ser zin los sacrificios
Que arora olvidamos su validec? de sus Valiero

Creacion de gran generacion
Sin egoismo dieron todo lo que pudieron
Para dar lo mejorar para mejorair su vidas
Muchos otros que vendran,
Sin pensar en el valor del trabajo.

Las generaciones de hoy hacen poco o nada
Las recompensas son mayores a su valor,
Ahora quieren poner una red de seguros social
Tan cerca del piso que no rebote.

Se necesita reparar, bien?
Una salida o red de seguridad por lo que se a ganado?

Why is it so hard to ask?
Generations today contribute a nickel or two,
Don't want their money to suffer,
Take a small fall, least they can do,
For past sacrifices

Many have given their lives
To get us all here today,
Values turned on its head, gone
Human values taken away,
For money(the dollar) is worth more
Than a man, a women and a child

Politicians give themselves raises
Then say, "we deserve them we take all we can"

Tax breaks and raises better
Then making social security secure
Value of egos not eagles for sure.

Porque es tan dificil preguntar?
Las generaciones de hoy ponen 5 centavos o 10
No quieren que su dinero sufra,
Tenga un pequeno caida,
Es lo menos que pueden hacer
Por los sacrificios pasados.

Muchos han dado sus vidas
Para que hoy todos estemos aque?
Los valores se voltearon en sus cabeza
Se fueron los valores humanos.
El dinero (el dolar) vale mas
Que el hombre, la mujer y los niños.

Los politicos se dan aumentos ellos mismos
Dicen "los merecemos nosotros tomamos todo que podamos."

Tomar descuento de impuestos y aumentos,
Seria mejor que hacieran seguro el seguro social,
Valor de los egos y no de aguilas por seguro

WIFE A GREAT DEAL

To: Wives

To fulfill all the needs in ones life
Wives adore the not so great things you do
Believes in you when no one will
Does everything for you from a to z

Wives care when you're down
With a hug and a kiss brings you up
Zigzags all around the house and all over town
Is the pickup and delivery taxicab person?

The value of a wife
Priceless and gets little or no credit at all

At the end of the day
Even wives want a wife to get things done
Wives is the lover, the cook, the bearer of children
And cares for them to

When you realize she isn't around you miss her
Wife, wife, were is my wife
To tell her what I want her to do

Wife, what a great deal
Someone who is all and does all
How, could one get along without a wife?

Author's Comments:

"When taking an English course the subject was wife's"

Esposa Un Gran trato

Para: Esposas

Para satisfaces todas las necesidades en la vida uno
Las esposas adoran cosas no tan grandiosas
Que hace uno. Creen en ti cuando nadie lo hace.
Hacen todo de la A a la Z por ti.

Las esposas se preocupan cuando estas triste
Con un abrazo y un beso te levantan.
Recorre la casa y toda la ciudad.
Taxistas y despachadoras de todo.

El valor de una esposa es
Invaluable y recibe poco o nada de credito

Al fin del dia
La esposa quisiera una esposa!
para hacer lo que tiene pendiente.

La esposa es la amante, cocinera,
La que tiene a los niños
Y los cuida tabien.

Cuando te das cuenta de que ella ya no esta,
La extrañas esposa,
Esposa, donde esta mi esposa?
Para decirle lo que quiero que haga por mi.

Esposa, que grandeza
Alguien que es todo y hace todo.
Como podria estar uno sin la esposa?

Just A Woman

To: All Women

I was once told
You don't know anything
You're just a woman.

Yes, I am a woman
I'm more then a book

I am worth more than gold,
Diamonds or rubies
I am the treasure men yearn for
And go to war,

Treasure all men want
To play with, yes I'm a woman
I am a woman worth more
Then any man will ever know

More then any man
Will ever earn in a lifetime

Yes, I am woman,
I am a woman,
Creator of men.

Author's Comments:

"Back in the 60"s some women when mistreated, they responded to show they new they had power."

Solo Una Mujer

Para: Todas Las Mujeres

Una vez me dijeron,
Tu no sabes nada,
Tu solamente eres una mujer.

Si, solament soy una mujer
Soy mas que un libro.

Soy mas valiosa que el oro,
Que los diamantes o los rubies
Soy el tesoro que el hombres ansia
Y van a la Guerra.

Tesoro que todo hombre quiere
Para sentirse mejor.

Si, soy una mujer solament.
Mujer que valgo mas
Que sabra el hombre,

Mas que el hombre
Podra ganar en su vida.

Si, soy nomas una mujer,
Una mujer
Creadora de hombres.

Comentario del autor

"Años sesentas cuando las mujeres fueron maltratadas, ellas respondieron demostrando que ellas tenian poder

One That Caught My Eye

Hi how are you?
where have you been?

You've caught my eye,
like no one has for a long time.
I look at you and try to get your attention
You ignore me, but not doing a good job of it.

I have your attention.

You pretend as if I do not live
your not good at it.
knowing I will not go away any time soon.
You look and give me that half smile,
Enjoying a moment of sexual power.

Your looks are saying,
I know you want me,
I can tell,
My women's intuition has never failed.

La Que Capturo Mi Ojo

Hola, como estas?
Donde has estado?

Tu has capturaste mi atencion,
Como nadie lo habia hecho hace tiempo
Te veo y trato de llamar tu atencion,
Tu me ignoras,
Pero no lo haces muy bien.

Tienes mi atencion

Tu pretendes como si yo no existiera
No eres muy bueno haciendolo
Sabes que no me voy a ir de aqua
Me vez y me sonries a medias,
Disfrutando por un momento de le poder sexual

Tu Mirada lo dice
Se que me deceas,
Puedo verlo en
Tu intuicion de mujer que nunca falla.

DLC Discouraging AJ

DLC said to me don't call me
Don't give me anything any more.

Better yet
Go to the Rio Grand River and drown your self,
But if you need a ride home, I'll give you one.

AJ said I will never drown
I'm so fat I'll just float
And so ugly no fish in the whole Rio Grande river
Will ever want to bite me!

So time goes on, in a couple of days AJ goes back
Thinking what will I say, how will I act.

When she saw me she said to me
"I was wondering when you were coming back"
I had little choice,
But to be a man about it.

I stuck my hand out to here
I said to here "I ask for your forgiveness
For misinterpreting your intentions"

She reach out here hand out to me
With that half smile,
Feeling that women's sexual power.
I new then she was playing a mind game with me.

DLC Desanimondo AJ

DLC me dijo que no le hablara ya
no me des nada
Major aun vete al Rio Grande y ahogate
Pero si necesitas que te lleven a tu casa yo lo hare.

AJ dijo, "Nunca me ahogaria" soy tan gordo que solo flotaria
Y soy tan feo que ningun pez
En todo el Rio Grande jamas a morderme se atreveria

Y asi paso el tiempo,
Al cabo de un par de dias

AJ regresa pensando y preguntandose a si mismo
"Que voy a decir, y como mi voy a actuare?"
Cuando ella me vio me dijo
"Me estaba preguntando cuando regresarias?"

Yo no tenia otra opcion mas que ser un hombre al respecto
Le estendi mi mano y le dije
"Te pido tu perdon por haber malinterpretado tus intenciones"
Ella estendio su mano hacia mi
Y con esa sonrisa a medias y el poder sexual que posee la mujer
Ella estaba disfrutando el momento conmigo.

Three Energies

To: A good friend

Sun, you and
Sugar are energy
I look at you
Moving swiftly
Full of energy

Reminds me of the sun
Always Looking bright,
Like the sun

I look at your sweet smile
It reminds me of sugar
Sugar is sweet,
Just like your smile

Always
Full of energy
With a sweet smile
Never stopping
Till everything is done

Bright like the sun
Pure energy like sugar,
Enjoying life
Always having fun
An energetic life
It is what I see

Tres Energias

Para: Una amiga

Sol, tu, y azucar
Son energia
Yo te veo,
Movie dote suavemente,
llena de energia

Me recuerdas del sol
La siempre brillante
Como el sol.

Veo tu dulce sonrisa
Me recuerda de azucar
Azucar es dulce
Como tu sonrisa

Siempre
llena de energia
Con una dulce sonrisa
Nunca deteniendote
Hasta que todo termina

Brillante como el sol
Pura energia como azucar,
Disfrutando la vida
Siempre divertida,
Una vida con energia
Es lo que hoy veo.

TV The Family Divider

TV the great communicator also family divider,

Instead of bringing families closer, like the radio
The opposite has occurred

TV has made an island of people
Preoccupation with TV made the young inactive
Isolated them to a world of their own

TV as a learning tool, has taught them how to shop
For candies, toys, movies oh yes $200 and $300 shoes
Its molded behavior, become the teacher and the parent

Funny a knife has no warning signs see a child with one
Watch everyone go in shock
Even take it away faster then a speeding bullet

Television Divisora De Familia

Television la gran comunicadora tambien divide la familia

En lugar de acercar familias, como el radio.
Lo opuesto esta ocurriendo.

La television ha convertido la gente como una isla
Preocupacion con la television hace jovenes,
Poco activos los aisla del mundo real.

Television instrumento para aprendizaje,
Ha enseñado como comprar
Dulces, juguetes, peliculas, tambien zapatos de $200 o $300.
A moldeado conducta, television es madre y maestra.

Gracioso no es navaja, ve un nino con navaja y
Mira a todos en shock.
verlos salir tan rapido como una bala para quitarsela.

TVs should be monitored in the house for content and time
The kitchen you don't let grown ups in it much less
Children play with things in it

TV may not directly kill, what it does give, is
Information that can hurt somebody or kill many
TV is more dangerous than that kitchen knife

TV controls should be started when young
They may not understand why, they do understand love
When you love them, it's the best control tool you have

TV like a gun doesn't kill but the way it is used can and will
Direct connection may not be seen but signs are all around

La television debe ser supervisado en casa
Por su tiempo y contenidos
En la cocina adultos pasan poco tiempo y
Los nines no juegan con cosas in la cocina.

TV no mata directamente
Lo que si hace es
Dar informacion que puede lastimar a alguien
O matar a muchos.
La television es mas peligrosa que un cuchillo
En la cocina.

Controle el TV debe empezar cuando estan jovenes,
Ellos no pueden entender porque, ellos entienden el amor,
Cuando usted los ama.
Es el mejor control que existe.

TV como una pistola no mata,
La forma que se usa puede y lo hara
Conexion directa no puede verse,
Pero los avisos estan en todo alrededor.

School vs. No School

For: Those thinking of dropping out of school

Advance learning like staying in school
Double one penny for ten days you have 512 pennies
Or knowledge gained
(1-2-4…256-512 pennies)

Regular learning like Dropping out of school
Add one penny everyday, for ten days you have
10 pennies or knowledge gained
(1-2-3…9-10 pennies)

Comparing you can see
How a shocking large gape in
A short time it will be.

Escuela o no Escuela

Para: Los que pensan abandonar la escuela.

Avanzar de aprender
Como quedarse en la escuela
Duplica un centavo por diez dias
Usted tiene 512 centavos.
O conocimiento ganado
(1-2-4….256-512 centavos)

Aprender regularmente es como
Abandonar la escuela.
Agrega un centavo Por diez dias,
Tienes diez centavos o conocimiento ganado
(1-2-3…..9-10 centavos)

Comparando pueden ver
Hay gran diferencia extraordinaria
En corto plazo.

Learning of a brain like a car going up hill
Well cared for will determine the out come,
Not only of making it also, how fast you make it.

Neglected brain,
like a car with bad gas, runs
Poorly, you may or not make the hilltop
You can still make it
Its going to be tuff, Working harder, longer is ruff.

So, before you drop out of school,
Think it well, how do you want
To end up tomorrow, looking down
Doing well Or looking up
From the bottom, all
Worn-out ready to drop
Wishing you had the right stuff.

Author's Comments:

"A poem to encourage the young to stay in school."

Aprender para un cerebro es como un automovil
Que sube una motana
Cuidado puesto determinara
El resultado, No solo hacerlo
Tambien que tan rapido puedes hacerlo.

Cerebro descuidado
Como automovil con gasoline mala
Corre muy pobre puedes hacerlo.
Va ser muy dificil
Trabajar mas duro y
Mas larga correda

Antes de abandones la escuela
Piensalo muy bien, como quieres terminar
Mañana viendo pa abajo en triunfando,
O viendo pa arriba el fondo,
Todo acabado para caerse
Querer que tuvra la preparacion
Necesaria.

Comento del Autor:

"Poema para impulsar a los jovenes a premanecer en la escuela"

English I Hate

To: Professor Flores, Carlos from LCC.

I don't like English
All my life I've been having a hard time
Spelling, putting my thoughts down in writing.

When I get a word I cannot spell
My head goes blank, not again another
World changing thought lost!

Oh what the H-E-L-L, I can't write!
What was I thinking? Who knows?
Feel like giving up, no more writing for me.

Learning to write English will help me
In all areas of my life
Just can't get the hang of it

INGLES QUE ODIO

Para: Profesor Flores, Carlos de LCC

No me gusta el Ingles
Toda mi vida he tenido problemas
Deletreando, y poniendo mis pensamientos
Por escrito.

Cuando encuentro una palabra que no puedo deletrear
Mi cabeza se pone en blanco, otra vez un
Pensamento cambiado del mundo perdido

Que demonios, no puedo escribir
En que estaba pensando? quien sabe?
Me siento listo a rendirme, No mas escribir para mi.

Aprender a escribir Ingles me puede ayudar
En todas las areas de mi vida
Solo que no puedo entrar a la onda.

I grew up speaking it all my life
Keep trying to write it,
Writing my thought just can't do it.

In English class
I slowly shake my head, and the make up my mind
I'm going to learn to write English like it or not
Frustration goes away! Wow!!

Must be all in my head blocking me
From getting ahead

English not that bad

Author's Comments:

"Even today I have a hard time with writing, if not for spell check I would stop writing"

Yo creci hablando el Ingles toda mi vida
Sigo tratando de escribirlo,
Escribir mis pensamientos Y no puedo.

En clase de Ingles
Levante mi cabeza, e hice mi decision
Voy a aprender a escribir en Ingles me guste o no.
La frustracion se va. Ola!

Debe ser mi cabeza bloqueandome para No poder mejorar

El Ingles no es tan malo.

Comento del Autor:

"Aun ahora yo tengo difficultades al escribir y si no fuera por el corrector yo pararia de escribir"

LEARNING

To: Anybody and Everybody

It isn't important what one has done
Rather what one has learned?

A beautiful plant can be nourishing
Sickening or even kill

Knowledge the road map
Guide, weapon and defender
Inspires us to achieve

Understanding the action
Lies the value

No matter what you do
Just remember

Learning is never ending
It can be the maker
The breaker of your life.
It will never hinder

Author's Comments:
"We are always learning its what we learn that makes the difference"

Aprendir

Para: Cualquiera y Todos

No es importante lo que uno ha hecho
Pero lo que uno ha aprendido.

Una bella planta puede nutrir o
Enfermar y hasta matar

El conocimiento es mapa de caminos,
la guia, arma y defensor
Y nos inspira para lograr

Entendiendo la accion
Esta el valor

No importa que hagas
Solamente recuerda

El Aprender no tiene final
Puede ser el hacedor de tu vida
O el destructor.
Esto nunca puede impedirse

Comento de Autor.

"Nosotros estamos siempre aprendiendo es esto lo que hace la diferencia"

Whole Person

Train of thought
Hopes of life to be

Plan our goals
Work our plan

Forever goals, complacent ways
Way of life it is.

It works for many
As we modernize
Stones we drag
In future advance

Adjustments needed
They are many

Changes, will only know
As we learn, where we stand

Steps we take,
Hope and pray
We don't over look
Our real needs

What we have learned from yesterday
As we go, to another day
Don't end-up where
We don't want to be
Cornered with little hope

Last hope indeed
Deeds we make, make us whole

Persona completa

Entreno de pensamiento
Esperanza de vida la que sera

Planear nuestra meta
Trabajar nuestro plan

Siempre metas, complaciente forma
Forma de vida es

Trabaja para muchos
Tanto nosotros modernizamos
Las piedras que arrastramos
En futuro avance

Ajuste los necesitados
Son muchos,

Combios, vamos soloment a saber
Lo que aprendemos
En donde estamos hoy

Los pasos que tomemos
La esperanzas y de que
No pasemos por alto
Nuestras necesidades realels

Que hemos aprendido del ayer
Tanto vamos a otro dia
No queremos estar
Una esquina con pocas esperanza

La ultima esperanza
En realidad

Nuestras acciones nos hacen entero

History Through Natives Eye's

To: Natives

My fore fathers cared and fed them
When they were dirty, hungry, had no land
Or experience in ways to survive
In this my land my home my fore fathers
Did all the good for them

They put up their fences
With doors took possession
With weapons put up the rules
Closed the doors on the natives faces

Labeled them, enslaved them and degraded them
Now claiming to be sending us free
Freedom they say is the way

Without the freedom, was oppression knowledge lost
Little knowledge of today's ways of being
Expecting us to do well on our own

Historia Por Ojos Nativos

Para: Todos Nativos

Mis antepasados se preocuparon y les dieron de comer
Cuando estuvieron sucios y hambrientos, sin tierra.
O bien experimentado en formas de supervivencia.
En esta, mi tierra y mis antepasados,
Esto era todo el bien para ellos.

Pusieron sus cercas
Con puertas se cerraron
Con armas pusieron las reglas
Cerraron las puertas en caras de los nativos.

Les nominaron, los esclavizaron y degradaron
Ahora reclaman que nos dieron la libertad.
Libertad que ellos dicen es la manera

Sin libertad fue la opresion del conocimento perdido
Poco conocimiento de nuestra forma de ser
Y huest esperan que solos logremos nuestro bienestar.

Still labeling to keep us mentally oppressed
When we complain they call us crybabies
But in doubt
What the natives are going through
The pain we carry is more than most can endure

They claim their God is of love and love is for all, if true
Where Does the hate they practice comes from
Those that do believe, how Can that be explained?
I would like to know

Full of reasons, ways and excuses To the point of lies
Yes I cry I'm not afraid to admit it, and will cry 'til the day I die
No one has heard me yet
Pain natives' carry no one dares to carry

The ways of business have many excuses
Rules are changed to favor the riches.

Author's Comments:

"All I hope is to bring awareness, we don't fear to die and were are not out to kill anyone"

Todavia estorbandonos para mantenernos mentalmente oprimidos
Cuando nos quejamos, nos llaman bebes llorones
Pero en caso de duda no muchos de ellos podrian soportar
Lo que los nativos han tenido que soportar.
El dolor que nosostros llevamos,
Pocos pueden soportar.

Ellos dicen que su Dios es de amor
Y el amor es para todos, si esto es asi
De donde viene ese odio que ellos practican
Los que creen, como pueden explicarlo.
A mi me gustaria saberlo.

Llenos de razones, formas y excusas
Hasta el punto de mentir
Si ,yo no tengo temor de admitirlo
Y continuar llorando hasta el dia que muera
Nadie me ha escuchado todavia
El dolor que sienten los nativos nadie puede soportarlo

Las formas de los negocios tienen muchas excusas,
Las reglas son cambiadas en favor de los ricos

Natives Shattered Souls

Native mind is crushed
Latin country's suppression subjected by church, at first
then motivated by political power
whole country resulted in suppression.

North America natives subjected
motivated by political power then by race
thyself righteous believing of being a superior race
divided land and mind set for few to dominate.

Natives seen as worthless, doors closed to unable them to achieve
no hope or will to better thyself

This obscured masquerade gigantic lie hiding the real truth, called
prospering beauty, progress for whom?

The need to be free of fences and labels,
dead while still alive here in my land my home I am.

Being killed by starvation and other means,
being weakened an entire race disappearing unforgivable as that is.

Nativos Almas Destruidas

Mente nativo destruida
paises Latinos con opresion por la iglesia
Despues motivos por el poder politico.
Los pais resultaron en supresion.

Nativos Norteamericanos sujetados
motivados por el poder politico, Despues por la raza.
Creencia que con religion crean una raza superior
Dividieron las tierras y las mentes,
Para pocos ellos dominaran.

nativos vistos sin valor, las puertas cerradas
Para no permitirles que lograran algo
Sin esperanza o correctamente forma de mejorar.

Esta obscura mascarada,
Gigantescas mentiras, escondidas detras de la verdad
Llamada la bella prosperidad, el progreso
Pero para quien?

Necesidad estar libre de cercas y etiquetas
Muertos en vida estamos
En esta mi tierra y mi hogar estamos.
Siendo matados de hambre y otras formas,
Debilitado una raza increible que esta desapareciendo.

Other country's attacked the same way
first by names and labels to humiliate the native
while their souls crying silently and hearts tearing apart.

This new solid foundation claiming to care for all
natives incapable of in subordination foolishly ready to serve

Wall of indifference to shut off all feelings
souls of natives silently crying,
dying while their hearts tearing apart.

What high price to pay for peace,
With Church and a self-righteous supreme race
To be rewarded with grief.

If God is of love and love is for all
What kind of God does church and self-righteous superior race have?

Author's Comments:

"Thing are not as they appear"

Otros paises atacados por igual ,
Primero por nombres y etiquetas, para humillar a los nativos
Mientras que sus almas lloran en silencio y
Sus corazones se despedazan.

Esta nueva solida idea fundada que clama cuidar de los nativos
Son Incapaces de insubordinarse y mansamente estan
Listos a servir.

Con pared de indiferencia para apagar sus sentimientos,
Las almas de los nativos lloran en silencio, muriendo,
Mientras sus corazones se despedazan.
Que precio tan alto tiene que pagar por la paz,
Con la iglesia y la supuesta raza superior que
Es compensada con sufrimiento.
Si Dios es amor y el amor es
para todos, Que Dios tiene la iglesia de la raza superior

Illegals Beast of Burden

Illegal are Not Terrorist

Illegals especially from Mexico
Life made harder, a game to play
Feel better having things that way.

Everyone benefits directly or indirectly
Many profit from their suffering,
In front or the end of product line
Illegals they hate.

Those doing the hiring no
Attention paid, let off of obligation
As if above the laws

Look the other way
Toady's beast of burden
On the way

Ilegales Bestia Animale De Carga

Los Ilegales no son terroristas

Los Ilegales especialmente de Mexico
La hacen dificil, vida como juego por jugar
para sentirse mejor teniendo las cosas asi.

Todos se benefician directo o indirecto
Muchos benefician del sufrimiento de ellos
Frente o final de linea productiva
Los ilegales que tanto odian.

Los que los contratan
Ni atencion les dan, libre de obligacion
Creen estar arriba de la ley.

Mira para otro lado
Bestias animales de carga
Vienen en camino.

Foresight perceived, separateness
Of value in laws
Illegals hated, something bad

Those hiring them, something good
When worn out
In no time replaced.

Country of laws, all should abide,
Way to survive no
Unjustifiable fears unbalanced
Enforcement of laws.

We all benefit from the labors
Off of the beast of burden
In one form or another.

Author's Comments:

"We all benefit from them, we just not admit it."

Se percibe, separacion
De valores y leyes
Ilegales odiados, algo malo
Los que los contratan Algo bueno
Cuando exprimados, rapido los reemplazan.

Pais de leyes, todos deben de cumplir
Manera de supervivencia no
Temores injustificados imbalance
Al aplicar las leyes.

Todos nos beneficiamos
De los animales de carga,
E
En una o otra forma

Comento Autor:

Todos nos beneficiamos sin saberlo o no lo queremos admitir

Making Criminals

For: The Misunderstood

I'm

Not an outlaw

By breaking laws, but

By laws being created, by

Those in positions of power to

Outlawing me, my thought and my actions

Blinded by there unjustly fearing fears

Ways of believing, that don't

Match my ways

Those reason along should Not

Make me an outlaw.

Author's Comments:
"When laws are made I wonder what is the motive"

Haciendo Criminales

Para: Los Mal Entendidos

Yo soy

No un criminal

Por romper las reglas, pero

Por leyes creadas, por gente

En posiciones de poder

Con pensamientos van contra

Mis pensamientos y acciones

Segados por los injustificados miedos

Formas de creer

Que no son iguales a los mias

Esas razones no

Deberian convertirme en

Un criminal

Commento del Autor:

"Me pregunto cual sera el motivo qundo hacen leyes"

No Fame

I want freedom, not fame
Real freedom, not just in words,

Use to be my land my home
Now it is not.

My land my home no more
Must be the answer

For tens of thousands of years
This use to be
My land my home

I'm just looking for answers
That is all, what is fame

But a person in an open prison.
Where I go I aim told

Go back where you come from,
I at times am stunned

My land my home no more.

Author's Comments:

"I wonder if fame and excuses, the way to take over the world"

Sin Fama

Quiero liberta, no fama
Liberta real, no solo en palabras

Esto era mi tierra mi hogar
Ahora no lo es.

Mi tierra mi hogar ya No son
Deve ser La respuesta

Por decenas de miles de años
Esta era
Mi tierra, mi hogar.

Yo solo estoy buscando respuestas
Eso es todo,

Que es la fama, nada pero
Solo una persona en una carcel abierta

A donde voy, me preguntan
Regresa de donde veniste,

Algunas veces me quedo asombrado
Mi tierra, mi hogar ya no son

Comentario de autor;

"Me pregunto si la fama y las excusa, son la manera de controlar el mundo"

Mother Earth Crying

To: The Tsunami Victims

Earth like an airplane,
Keeps its momentum of change
With or without a living thing.

Man awaits for signs some have seen them,
Goes in shock sweating showers of fears,
And then realizes, signs
Have always been there,
Man just looking past them.

I make my change, that man
Has little or no choice in,
He goes like the dinosaur
Unwritten history of time,
Unknowable of all the tomorrows
Will comes to be.

Make me your dreams or
Make me your nightmare,
For I have given a push to
The wheels of justice,

Madre Tierra Esta llorando

La tierra es como un avion,
Mantiene su momento de cambio
Con o sin alguna persona viva

Los hombres esperan por senales
que algunos los han visto,
se asombran y banados en sudor de miado
Y Despues se dan cuenta que las senales
Siempre an estado presentes
Solo que loshombres las ignoran.
Cuando mis cambios se comenson,los hombres
tiene una pequena eleccion
Se va como un dinosaurio
Una historia del tiempo no escrita,
Sin saber que sucedera manana

Puedes hacerme tus sus suenos o
puedes hacerme tu pesadilla,
Por que yo he impulsado las
Justicia y he fermindo con
las injusticias.

End the injustices or
like a plane in the air
Without fuel it loses
Momentum, crashes,
Where few if any survive
Make an emergency landing,
And hope all ends well

Earth looking at man crying rivers of pain,
Why, you don't see me in my pain,
Never harming anyone, like your hands and feet
doing all good

Do me no favors, just don't do me any harm,
For my nightmares will be yours.

Author's Comments:

"I had a bad dream, when I woke up I could not get it out of my mind until I wrote it down."

Como un avion en el aire sin combustible
Pierde la velocidas,choca
Pocos persons sobrevivien
Hace una parada de emergencia
Y esperran que todo salga bien

La tierra vecomo los hombres loran rios de dolor,
Por que no me ven a mi en dolor
nunca le hago dano a nadie, como tus
y pies haciendo todo el bien
no me hagas ningun favores, simplemente no me danes porque mis
pesadilla sera las tuyas.

Comentario de autor:

*"Tube un mal sueno, cuando me desperate no me lo pude
sacar de mi mente hasta que lo escribi"*

Who Knows What

Know what I know
Is the way of explanations,
As real knowledge does go
Does anybody actually know?
What they claim they
Actually know.

Confident assertion
Supposedly you understand
Or commonly accept with out questions.

Discrepancy who knows how or
What, in putting things in
Systematic order, untangling
Everything and it not be
None controversial disorder

Chains of variables
Supposition conclusion
Specialized crisis
Misrepresented truth

Lack of prestige, why?
Do we know as little as we do?

Quien Sabe Que

Se lo que yo se
Es la forma de explicacions,

Como la verdadera sabiduria va
Real conocimiento va
realmente alguien sabra algo?
Sabran algo de lo que dicen saber.

Aseveracion Confiada
supuestamente entiendes
o comun mente las aceptas sin
hacer preguntas.

Quien sabecomo oque
Al poner cosas en un orden sistematico,
Desordenando todo y no sera
un desorden controversial

Cadenas de variables suposiciones
conclusiones especialidad en crisis
la verdad mal interprtada

Falta de prestigio, porque?
Sabemos tan poco de
Lo como sabemos?

Commentarios del Autor:

"Juego de palabras simples, intentamos aceptar las cosas sin saber porque"

BEING

To: All Human Beings

Education makes you a devil being, if you let it
Or an angle being, if you will it

Superior being better
Killing disagreeable an unconformable being
Authenticating superior being or
Feeding superior being ego
None- conformable ether

Destroying people way of being
Feeding your vampire being
What is none-superior being?

Wake up see what is happening
Not awaking may kill us
By our way of being

Existencia

Para: Todos los seres humanos

La educaion puede hacerte unser malo
Si la dejas, obenevolo si tu lo dispones

Superior es ser Mejor
Matando a toda person que estan desacuerdo
Autentificado de un ser superior
O alimentando el ego del ser superior
Ninguno-comodo es ser

Destruyendo la forma de ser de los personas
Alimentando tu instinto de vampiro
que es un ser no superior?

Despierta y ve lo que esta pasando
no despertar podria matarnos
por nuestra forma de ser.

Change others way of being
Not to my way of being god no!
Not another superior being

Begging way of being
Yes a begging being, free to beg
Begging superior me
Our way of educating other beings

Where have all the human being gone?
We think our differences makes us better
It only makes us u-nick beings

Author's Comments:

"As educated we tent to forget were still human beings, tread others with little or no education as lesser beings."

Cambiar la forma de ser de otras personas
no mi forma de ser Dios no!
no otro ser superior

El rogar es una forma de ser
Si rogar es ser, libre de rogar
Rogando superior a mi
Nuestra forma de educar a otros seres

A donde se han ido foctos los seres humanos?
Pensamos que nuestras differences nos hacen mejor
solo nos hacen ser unicos

Comentario de autor:

"*Como gente educada aveces se nos olvida que somos humanos y tratamos
a persons con poca o no education como seres inferiores*".

BELIEVING

To: All

Is believing in something greater than oneself
A need to survive?

Was there a time of no God? If yes
When was it? Does anyone know?

Is God in our mind each to fine
Reach their Godly self in our own time
Need to believe for well being or
A fascination for the mind to develop
Has lead us to believe in the unknown

Forcing our believe on others
Give us the feeling of power
Word god is used as a tool to control

CREER

Para: Todos

Creer en ser mas grandioso que unomismo
Es una necesidad para sobrevivir?

Habria un tiempo donde Dios no existiera? Si lo hubo
cuando fue? Alguien sabe?

Dios esta en nuestra mente
para encontrarlo en nuestro tiempo
Necesidad de creencia para solorevivir
Una fantacion de nuestia mente construye
Nos a lleva a creer en lo desconocido

Forzando nuestras creencias a otros
nos da un sentimiento de fuerza.
Usada la palabra dios como una herramiemta de control.

Times of many gods has past
Two gods for balance is fading
One god system maybe the end of us or
A fork in the road of time to ever lasting peace

How do we let go of the past?
With all its hate that we drag,
It prevents us from having a world at peace
Do we need to reform our ways of thinking?
Or just update the thinking to get along

Who will be the first to up-date?
Not I we all say but when earth become
Unlivable we all pay the same like it or not

We can start by not lying to ourselves
Inform ourselves before we believe or
Put blame on others with out a clue
Is god the bread and butter of all times?

Author's Comments:

"We say we believe in god but some times it doesn't show"

El tiempo de muchos dioses a pasado
La balanza de dos dioses esta desapareciendo
el sistema con un solo dios puede ser nuestro final
o un desvio en el camino de tiempo para
La interminable paz.

?Como podemos deja el pasado atras?
Con todo el odio que arrastramos
Nos impide tener un mundo de paz
?Necesitamos reformar nuestra forma de pensar?
O simplemente poner al dia nuestra de pensar

Quien sera el primero en ponerse al dia?
Yo no, todos decimos,
cuando la tierra se convierta en un lugar inhabitable
Todos pagamos lo mismo nos guste o no.

Podemos empezar con no mentiendo a nosotros mismos
Informarnos antes de creer,
o culpar a otros sin pruebas
?Es Dios el pan y la mantequilla
De todos los tiempos?

Commentario de autor:

"Decimos creer en Dios pero algunas veces no lo demostramos"

The unknown

Men in power think he knows best
Cause he's in power
An out right cardinal error at best?

Power no matter the cost
Lost to others, for I'm in power,

Wealth and power does not
Give you more rights then others
Even thou you may think so
Cause you're in power

Uncertainty lingers
Wonder is my god all right with that

I have good intentions
Lets move on Forget natives sensitivity to
Their Own circumstances and conditions

Lo Desconocido

Los hombres en poder piensan que saben todo
Porque estan en el poder
Desde luego un error cardinal al menos.

Poder no importa el costo
Perdida a otros, porque yo tengo el poder,

La riqueza y poder no te dan
Mas derechos que a otros.
Anque pienses eso
Porque estas en el poder

Incierti dumbre
Mi pregunto Dios estara deacuerdo con esto

Tengo buenas intenciones
Sigamos y olvidemos la sensivilidad
De los natives a sus circunstancia
y condiciones.

Hate raises it's head,
Once it grows it is hard to regress,
Power, greed tools of hate.

For democracy lead
Is under the carpet of silence,
Out of site out of mind it is o k I don't mind
As long as I'm in power every thing is fine.

Because those that vote for him,
Think is best for them (the voter)
Not whom they vote for

Those in power put chains with
Heavy rocks and lead on top
That people drag from century to century,
Suffering never stops no matter of time and cost.

Author's Comments:

"Is keeping silence of the past ok"

El odio levanta su cabeza,
Una vez que empieza es dificil de regresar
Poder, avaricia herramientas de odio.

La guiade la democracia
Esta bajo alfombra de silencio
Fuera de vista fuera de la mente esta bien
A me no me importamientras
Yo tenago el poder todo esta bien.

Parque aquellos que votan por el,
Piensas que es mejor para ellos(los votantes)
No por el que estan votando.

Aquellos en poder ponen cadenas con
Pesadas piedras y hierro ensima
Que la gente arrastra de siglo a siglo,
El sufrimiento nunca termina no importa
El timpo y el precio.

Pandora's Box

To: Iraq

Cheaper controlling the masses with lies at first,
Than to educate them to what is right?

Lie, a tool of hatred like dust in
The air hard to see and control.

Hate has many faces, changes with
Needs of the hater, for haters successes.

War at expense of people and country's
A practice of hate,

Some manage crisis, and others
Create them to manage.

Caja De Pandora

Para: Iraq

Barato controlar al principio
A las masas con mentiras
Que educarlos sobre lo correcto.

Mentiras un instrumento de odio
Como polvo en el aire dificil ver y controlar

El odio tiene muchas caras
Cambia con las necesidades de el que odia
Para su exito.

Guerra al costo de gente y paises,
Un practica de odio,
Unos manejan las crisis y otros,
Las crean para manejar las.

Mindlessly ready to fight, unreasonable
Decisions, descended firmness of purpose
Giving deceiving feelings, enemies are on
The run (whom ever it is) illusions influence
Weakens alliance.

Recuperating is Harder from negative perceptions,
No matter how smart the thinker you think.

Odious released from Pandora's box spreading
like ink in water out of control, spreads
Faster when stirred.

Caring only of themselves
Careless of others
Perfectly clear conscience aroused senses,
Unfair unity of purpose and spirits of doubts.

Author's Comments:

"They silenced the ones that were right by put them out of power, Cause they said it would be a Pandora's box attacking Iraq with poor planning."

Inconsientemente listos para pelear, unreasonables
Decisiones, su firmeza en el proposito
Dando sentimientos de engaño
Los enemigos huyen (cual sea) las iluciones
De influencia debilitan las alianzas

Recuperar de negativas perspsiones es dificil
No importa que inteligente piensa ser.

Odios liberados de la caja de Pandora se esreparzen
Como tinta en el agua fuera de control
Se esparze mas rapido cuando los agita.

Preocupandose solo por ellos mismos
Sin inportarles los demas
Consciencias perfectamente limpias despiertan
Los sentidos,
Unidad injusta con propositos y espirtus de dudas.

Comentarios del Autor:

*"Callaron a los que estaban bien y les quitaron el poder.
Dijeron que seria como la caja de Pandora
atacar a Iraq con tan poca planeacion"*

Mistakes

To: Those who care

Lack of experience, and
knowledge or cowardly acts, hiding for fame
Want of power, all the same.

Funny it isn't, who giggles behind closed doors
In the open saying; how great I am;
Made war, to win
Win in deed, not even a
Scratch I have, I am
A great leader, you see

For freedom, I say
why? You'll never know
Material holder I am.

Yes power, mistakes and all
I'm the poser ha! Ha!
Not a mistake after all
I lied I hold the power

ERRORES

Para: Aquellos que les Importe

Falta de experiencia y conocimiento
o actos de cobardia, escondiendose
Para obtener fama,
Ambicion de poder, todo es lo mismo.

Comico no es, el que se rie en secreto,
Detras de puertas cerradas diciendo
Abiertamente desendo que grande es,
Ago guerra para ganar,
Ganar sin recibir un rasguño,
Soy un gran lider, tu ves.

Por libertad, digo yo, porque?
Tu nunca sabras el material
Que yo detango

Si, poder, errores y todo,
Soy el modelo!ja!ja!.
Despues de todo ni un error
Yo Menti para mantenr el poder

Want power just like
A coward no one will
Know ha! Ha!

Don't blame me I'm
A leader that's all, not
Everyone knows everything
I say it's a mistake, dare to say

Friends and me my families
Are safe why, Should we care?
For the rest of yawl
I shock you all
You made the mistake after all

Author's Comments:

Mistakes we all make them, when in power it hurt more people

Quiero el poder como un cobarde
Nadie lo sabra ja! ja!!

No me culpen, yo soy el lider
Es todo, no todos saben todo
Yo digo que fue un error, me atrevo a decirlo

Amigos y mi familia estan seguros
Porque Debe de importarme?
Por el resto de ustedes
los sorprendi a todos
Despues de todo
Ustedes cometieron el error.

Comentario de autor:

"Todos sometimes errores, pero cuando hay poder lastiman a mas gente"

War vs. Peace

To: Peace

Life may never endure the blows it takes
While waiting for peace to find a way
Into a black heart,
Misplaced soul, seething mind.

Wars of words, money, and weapons
Caused by angry minds,
Dispiriting hearts, lost souls.

Man desires something so much
Goes to war. He finds his enemy
Where he wants.

He's warring with himself
Unaware the pain of war
Wants people believing a worthy deed.

Clashing with words
Making war
Fighting cause you can.

Peace is from the heart
Can't be bought.
Peace is won by peaceful minds,
Good hearts, gratified souls.
With out them
Life is not worth living

Author's Comments:

"We need to take a closer look at our leaders, not just take there word as all true."

Guerra VS Paz

Para: Paz

Posiblemente la vida no podra soportar los golpes
Que recibe, mientras espera que la paz encontre el camino
Dentro del corazon negro, alma desubicada y
Una mente en ebullicion

Guerras de palabras, dinero, y armas
Causadas por mentes enojadas
Corazones sin espiritu y almas perdidas.

El hombre desea tanto algo que va a la guerra
Encuentra enemigos donde el quiere.

El esta luchando consimismo
Sin saber el dolor de guerra
Quiere la gente que crea que vale la pena.

Conflictos con las palabras
Haciendo Guerra
Peleando por que podemos

Paz viene del corazon
No se puede comprar
Paz se gana por mentes pacificas
Corazones bondadosos, almas complacidas
Sin eso
La vida no vale la pena.

Comentarios del Autor:

"Nosotros necesitamos observar mejor a nuestros lideres y no creer en todo lo que dicen

War a Game

A Just Cause or What

Rich man games by
Creating deviations
In poor man minds

With promises of riches
Poor man hopes are elevated,
Hopes of richness
Poor man follows
Not realizing its failings
False sense of value
Only devalued

Rich plays the poor
A game piece
No matter the out come
Game piece is lost
left wounded are killed
An expected function in
The rich men life

Labeling, tool for control
Grouping order the extension
Deviation the poorest horrors
Creating wild sanctions
For rich men pleasure

Author's Comments:

"We believe cause we want to have something to believe"

Guerra Un Juego

Una causa justa o que?

Juegos de los ricos,
Creando desviaciones
En la mente de los pobres

Con promesas de riquezas
El pobre espera elevarse.

Espera la riqueza
El pobre lo sigue, sin
Darse cuenta del
Falsos sentido devaluados

El rico juega con el pobre
Un juego de piezas
No importa el resultado
La piezas juego
Se perdio
Dejando heridos que moriran
Siendo una funcion esperada
En la vida del rico.

Etiquetando, un medio de control
Ordenando al grupo de extension
y desviacion de los horrores a
Los mas pobres creando sanciones absurdas
Para el placer del rico.

Comentarios del Autor:

"Creemos Porque nosotros queremos tener algo en que creer:

Leaderless leaders

Sacrificing publics interest
For private gain

Political mined set self-interest motivations
Over aggressive carried to an extreme
Conflict, war and Aristocratic gain.

Don't value others Contributions for peace
Appertains to fulfill private gains,
Lust for power seems to be there goals

Greed the root of it all
For controlling and lost of rights
Appetite for greed needs curbing
Brings out the odious differences
Of the citizens of the world

Other wise the country will be falling
By internal fighting, Rome will fall

Lideres sin Liderazgo

Sacrifican interes publico
Por ganancia privada.

Politica con motivaciones de interes personal
Muy agresivas llevadas al extremo
Conflicto, la Guerra y ganancia aristocrata.

No evaluar la contrbucion de otros a la paz
Ansia de poder parece ser su objetivo.

Avaricia es la raiz de todo
Para control y perdida de derechos
Se necesita frenar a apetitos ambiciosos
Sacan diferencias odiosas
De ciudadanos del mundo.

De otro mod el pais fracasra
Por luchas internas. Roma fracaso

Happiness of the country Must be in the planning
To insure justice and peace
Must be the goal To preserve the life we enjoy

Leader needed with natural talents
Capacities of the proven
Worthy for leadership
True guardian to preserving Rule of law, always
The greatest service to the country
For the good of our country and world
These are the kind of leaders is needed.

Unfit for the task
Ill suited, keeps the world
Perpetually discontented
Think they are status above law
Immeasurably superior to others
Their judgment, they see it as law.

Author's Comments:

"Leaders that wont admit there errors can cause the end of us"

Felicidad del pais debe estar en la planeacion
Para asegurar justicia y paz
Que debera ser el objetivo
Para preservar la vida que disfrutamos
Se necesita lideres con talentos naturales,

Capaces de comprobar
Su liderazgo
Verdadero guardian para preservacion de las leyes
Gran servicio al pais,
por el bien del pais nuestro y el mundo
Esto son lideres que necesitamos.

No capacitado para la tarea, mal preparado
Mantiene al mundo perpetuamente descontento
Piensan que estan sobre la ley
Sin medida y superior a todos
Ellos ven el juicio como ley.

Commentarios del Autor:

"Lideres que no admitan sus errores pueden causar el fin de todos"

Losing a Friend For What

To: *Many deaths in many ways*

How many heroes does it take
To make a legendary President,
How many families have to suffer
The price of pain,
For the joy of one President's name for fame?

This war is going to have many more broken homes
I hope not too many more,
But it is the way of war

I would say to those that lost some one,
You fine someone to ease the pain,
I'm sure it's the way
Their partners would want it to be.

There is nothing cheesy about the lost of a friend,
Someone who cares is always hard to lose,
True friendships are not many of,

Author's Comments:

*"Losing a friend is not easy, sometimes we keep it in to ourselves
and times we share our the pain with others"*

Perder un Amigo, Porque?

Cuantos heroes tomara para
Hacer un Presidente leyenda

Cuantas familias tienen que sufrir
El precio del dolor,
Para ser un Presidente famoso.

Esta guerra va ha dejado muchos lugares destrozados
Ojala que no sean muchos
Pero asi es la Guerra.

Quisiera decirle a los que an perdido a alguien
Encuentra alguien que puede suavizar tu dolor

Estoy seguro que es la forma
Que tu pareja le gustaria.

No es nada simple perder un amigo
A quien le importa le resulta muy dura
Su perdida
Amistad verdadera no es facil de encontrar.

Comentarios del Autor.

"Perder un amigo no es facil aveces guardamos el sentimiento para nosotros mismos y otras compartimos nuestro dolor con alguien"

A Solders Pain

To: Solders he/here they know who they are.

Pain of death and lost of comrades,

Of yesterdays,

Loved the few good days we had,

Mourning and tears, till tired of crying,

Laughter comes remembering of good times,

Near death,

Pain reminds us were still alive!

Author's Comments:

Those that haven't been to war, commit others to a life of pain.

Dolor Del Soldado

Para: Soldados, Ell, Ella Saben Quien Son

Dolor y perdida de camaradas
De ayer,

Ama los pocos dias buenos que tubieron,

Sufrimiento y lagrimas hasta cansarse de llorar

Recordando esos buenos tempos

Que tuvieron de alegria,

Cerca de la muerte estan,

El dolor los recuerda,

Vivo todavia estan!

Por: Avelino Juarez

Comentarios del Autor:

"Aquellos que no han hido a la guerra, envian a otros a una vida de dolor"

About the Author

Son of a migrant family, started working at an early age. Father and mother one bother and five sisters. Father Felipe Juarez, mother Juanita Coronado, Juarez, brother, Leonardo, and sisters Juanita, Maria, Argentina, Margarita, little sister Guadalupe.

We lived in Erick, Ok. starting 1963. I dropped out in the 9th grad January 1973 age 17 joined the navy 4 years honorable discharge February11 1977.

My school years I was very active in all sports football, basketball, track and field and some music.

Always had something going, work at gas stations and local farms with cattle and machinery. Every summer we went north, the normal thing to do, we were migrant workers, that is how we made our living, some of the places are Scottsbluff, and Lincoln, Nebraska chopped the weeds in the sugar beet fields from sun up to sun down every day for about three months every year.

1977 to 2001 I worked mainly three kind of jobs, Oil fields, Construction and Machine work. Today I do some poetry writing.

Sobre el Aútor

Hijo de una familia de migrantes, Empeze a trabajar a una edad muy chica.

Padre y Madre un hermano y cinco hermanas. Papa Felipe Juarez y Mama Juanita Coronado Juarez, Hermano Leonardo y hermanas Juanita, Maria, Argentina, Margarita y mi pequña hermana Guadalupe.

En 1963 viviamos en Erick, OK.

Me salid de la escuela en el noveno grado en Enero de 1973 a la edad de 17 años.

Me uni a la Naval por cuatro años y termine en Febrero 11, de 1977.

En la escuela fue una persona envuelto en los deportes, football, balonsesto, y algo de musica.

Siempre he tenido algo en que trabajar, gasolinerias, granjas con ganado y maquinas. Cada verano emigrabamos al norte, era algo normal que haciamos como trabajadores migrantes que eramos; asi es como nos ganabamos nuestra vida. Vivimos en lugares como Scottsbluff, Lincoln, del Estado de Nebraska talando las hierbas in las tierras donde se plantaban betabel de azucar. Trabajabamos desde que el sol salia hasta que se metia, esa fue nuestra vida por aproximadamente tres meses cada ano.

Printed in the United States
41472LVS00006B/215